Paisajes con burro/
Landscapes
with Donkey

Paisajes con burro/ Landscapes with Donkey

poems

José Manuel Marrero Henríquez

translated by
Ellen Skowronski-Polito

GREEN WRITERS PRESS *Brattleboro, Vermont*

10 9 8 7 6 5 4 3 2 1

Original print (Spanish):
Marrero Henríquez, José Manuel. Paisajes con burro, Baile del Sol, 2015.
(Tenerife, Spain)

Green Writers Press is a Vermont-based publisher whose mission is to
spread a message of hope and renewal through the words and images we
publish. Throughout we will adhere to our commitment to preserving and
protecting the natural resources of the earth. To that end, a percentage of our
proceeds will be donated to environmental activist groups. Green Writers
Press gratefully acknowledges support from individual donors, friends,
and readers to help support the environment and our publishing initiative.

Giving Voice to Writers & Artists Who Will Make the World a Better Place
Green Writers Press | Brattleboro, Vermont
www.greenwriterspress.com

ISBN: 978-0-9994995-4-2

COVER ART: Jesús de la Rosa (1960), Santa Cruz de Tenerife, Canary
Islands, Spain. Title: *Burrito en la costa/ Little Donkey on the Coast.*
Technique: Encaustic. Original dimensions: 8 x 12 cms., 2017
Jesús García de la Rosa, born in Santa Cruz de Tenerife, Canary Islands,
Spain (1960), is the artist of the cover art "Burrito en la costa."

PRINTED ON PAPER WITH PULP THAT COMES FROM FSC-CERTIFIED FORESTS, MANAGED FORESTS THAT
GUARANTEE RESPONSIBLE ENVIRONMENTAL, SOCIAL, AND ECONOMIC PRACTICES BY McNAUGHTON & GUNN,
A WOMAN-OWNED BUSINESS CERTIFIED BY THE WOMEN'S BUSINESS ENTERPRISE NATIONAL COUNCIL.

Paisajes con burro/

Landscapes
with Donkey

La pezuña raspa el suelo
para enterrar el punto
que a su interrogación falta
y el sol fortalecido esfuma
la energía encarnada en el campo.

No queda humedad en las cosas
y se evapora la vida
para siempre.

No hay voces, niños,
águilas, culebras,
ni siquiera buitres,
o ruiseñores.

Dormitan en los libros.

Terco, seco el páramo
y azul el cielo, el burro
escarba su pregunta
en el suelo.

The hoof scrapes the ground
to bury the point
that lacks its question
and the strengthened sun blurs
the energy embodied in the field.

Things lose their moisture
and life evaporates
forever.

There are no voices, children,
eagles, snakes,
not even vultures,
or nightingales.

They doze in books.

The páramo dry
and the sky blue, the stubborn donkey
scratches his question
in the ground.

El hocico es el punto donde el cuello
interroga a la hierba que mastica
el burro.

La saliva rezuma
su respuesta verde
por los bordes de la boca
y se regurgita y saborea el temor
de no tener otra tierra.

Marte no le vale al burro,
ni Venus, ni otro planeta,
sólo la Tierra que en su panza gira.

Silente el burro,
su complejo estómago
digiere certeza.

The snout is the point where the neck
questions the grass that the donkey
chews.

The saliva oozes
its green answer
from the corners of the mouth
and the fear of not having another earth
is regurgitated and savored.

Mars means nothing to the donkey,
nor Venus, nor any other planet,
only the Earth that revolves in his belly.

The donkey silent,
his complex stomach
digests certainty.

El burro mastica
la oscuridad del establo.

Negras son
la pupila del ojo
que al rincón mira,
la lágrima que baña
el paisaje en la retina,
la hierba que paladea
la lengua que regurgita.

Rebuzna lentamente y late
el corazón sin prisa para llegar
lejos,
a las ramas,
a los capilares,
al lugar ínfimo que repite
la secuencia fractal del espejo.

Si no fuera por él, tan bello
e inquieto, tan inteligente,
tan esbelto y diligente,
tan quieto.

The donkey chews
the darkness of the stable.

The eye's pupil
that watches the corner,
the tear that bathes
the landscape in the retina,
the grass savored by
the tongue that repeats
— all are black.

He brays slowly and the heart
beats in no hurry to go far,
to the branches,
to the capillaries,
to the negligible place that repeats
the fractal sequence of the mirror.

If it weren't for him, so beautiful
and restless, so smart,
so slender and diligent,
so still.

Mas no siempre suelo,
cielo arriba el burro estira
su pescuezo.

En aire planean las verdades
de las eras, que son muchas
y transitan lejos,
en los bordes de las penas.

Arriba mira, trasunto
distinto de otro
huerto.

El burro lo sabe, tenso
en su cerebro,
lector de firmamento.

But not always towards the ground,
the donkey stretches his neck
heavenward.

In the air soar the truths
of the croplands, which are many
and travel far,
on the edges of sorrows.

He looks overhead, transcendent
reflection from another
orchard.

The donkey knows it, tense
in his mind,
reader of the firmament.

Con aliento adentro
burro y estrella respiran
la tierra con el cielo
y a las puertas del alpende
el viento afila
aristas que no dañan,
que se amoldan al esfuerzo.

Entren los invitados por el doblez
de las esquinas, deslicen cabezas
y torsos, avancen pies
con decisión.

La verdad despliega sus alas
sobre el portal a que la estrella guía
y adentro el burro exhala
vida por encima.

Qué regocijo de aire da
con los huesos en lo cierto.

With breath inside
donkey and star inhale
the earth with the sky
and the wind sharpens
the stable doors
to harmless edges
that mold themselves to the force.

May the guests enter through the fold
of the corners, slide in heads
and bodies, advance feet
decisively.

The truth unfurls its wings
over the portal to which the star guides
and inside the donkey exhales
life from above.

What an airy joy
settles on the truth.

Un burro vuela con la muerte
de la pradera, conversa
con ella sobre el arce
y las estrellas.

Otro pace en paz y otro
interroga con su verga
a la ciudad.

Son amigos estos burros,
notarán la partida del compañero.

Con la tierra, tan tranquilos,
claras las cosas,
a lo suyo.

One donkey flies
with the dying meadow, chatting
with her about the maple
and the stars.

Another grazes in peace and another
questions the city
with his prick.

These donkeys are friends,
they will notice their companion's departure.

With the earth, so calm,
everything clear,
each to himself.

El burro se sienta en el antiguo
buró del establo.
Buena madera, tan tierra
de siempre, tan fresca
y sabia
y tan calma.

Huele bien, rudo
y tierno, a ancianidad acordada,
a plectro acompasado sobre cuerdas
en la soledad de un jardín
de cactus buscada.

La madera y la música llaman
por su nombre a las cosas.

Rumia su melodía el burro.

The donkey sits at the old
stable desk.
Fine wood, as earthen
as always, so fresh
and wise
and so calm.

It smells good, gruff
and tender, like tuned old age,
like a rhythmic pick over
strings in the solitude sought
in a cactus garden.

The wood and the music call
things by name.

The donkey chews their melody.

Amanece el día nublado,
transparente el aire de estrellas.

Abajo el burro se voltea.

Pezuñas al cielo,
revuelca el lomo el burro
en las piedras.

Arriba y abajo se concentran
en la barriga de las praderas.

Burro gozne, burro bisagra,
burro pestillera y llave
de la vida entera.

Qué gusto ver su fuerza
colgando de las esferas.

The day dawns cloudy,
the starry air transparent.

Below, the donkey rolls over.

Hooves to heaven,
the donkey wallows
in the stones.

Above and below they join
at the belly of the meadows.

Donkey hinge, donkey joint,
donkey latch and key
of all of life.

What pleasure to see his strength
hanging from the spheres.

Llueven signos en la tierra
donde florece un naranjo,
muy céntrico y esférico,
muy de andar
por casa.

El olor de su flor llega lejos,
hasta el burro que muerde
su secreto y eleva su jugo
a lengua de aire o a partitura
de cielo.

La escritura equina asciende
de surcos tan secos.

Signs rain down on the earth
where the orange tree blooms,
very central and spherical,
very at home.

The smell of its flower travels far,
all the way to the donkey that bites
its secret and elevates its juice
to an airy language
or a celestial score.

Equine writing rises
from furrows dry as these.

Rebuzna el burro y suena
sueco. Se entiende mejor
cuando estira el cuello.

Mal articuladas las palabras
tropiezan en torno al rabo,
batuta que las orquesta.

Qué desorden de partitura,
qué enigma tan cierto.

Desentrañando se la pasa el burro
las razones de una mosca,
de una libélula,
la roca húmeda de una acequia,
una gota que cae y revienta
en lluvia tras la siesta.

El burro escucha
en lo ínfimo las estrellas.

The donkey brays, sounding
Swedish. He is best understood
when he stretches his neck.

The convoluted words
trip around his tail,
the baton that orchestrates them.

What a jumbled score,
what a true enigma.

The donkey unravels
the reasons for a fly,
for a dragonfly,
the wet rock from a ditch,
a drop that falls and bursts
in the rain after his nap.

The donkey hears
the stars in the most minuscule things.

Las palabras se mastican
con el grano en las muelas
y con la hierba que el burro come
para saber de las penas.

¿Dónde la carne de la vida
y de las cosas?

La técnica se demora
y la ciencia se distrae
con el uso de las rosas.
Sube el mar a la azotea
y la humanidad se derrumba
en la materia como fosa.

Imbécil se ha llamado al burro que sabe
y calla muchas cosas.

The words are chewed
with the grain in his molars
and with the grass that the donkey eats
to savor the sorrows.

Where is the flesh of life
and of things?

Technology is delayed
and science distracted
by the value of the roses.
The sea rises to the roof
and humanity collapses
in its material like a grave.

The donkey, who knows and keeps quiet many things,
has been called an imbecile.

No dejan entrar al burro
en la biblioteca
y rebuzna él
por sus derechos.

Acaso una coz resuene
en la nada,
o tal vez una boñiga quiera
dejarse notar
— el conserje la anotará
en incidencia,
sin más.

Los limpiadores del liceo
barrerán la queja.

They do not allow the donkey
in the library
and he brays
for his rights.

Perhaps a kick would resonate
in the void,
or maybe manure would
draw attention
— the clerk will note it
as an incident,
nothing more.

The lyceum janitors
will sweep away the complaint.

El burro estira su nombre
para dar cabida a más secretos,
a que la Tierra y el universo
se compriman en el pecho.

Cae el burro sobre el abecedario
y lo torna dromedario,
a conciencia lo joroba,
le revienta la recta tan
exacta, de letras y baldas
tan pautada.

La curva agrada al equino que mira
cómo los signos yerran
su destino, nada
y todo a la vez
desde una punta que no se ve
a otra que se deja de ver.

Las palabras se pierden
en parábolas de aire.

The donkey stretches his name
to make room for more secrets,
so that the Earth and the universe
compress themselves in his chest.

The donkey falls on top of the alphabet
and turns it dromedary,
deliberately disturbing it,
he breaks the straight line
so exact, the letters and ledgers
so lined.

The curve pleases the equine that watches
how the signs stray from
their purpose, nothing
and everything at once
from a point not seen
to another that reveals itself.

The words are lost
in parabolas of air.

Qué panza balancea en algodones
las letras de la hierba musitada.

De Platero fue una de ellas,
y de Rucio y de otros tantos
no tan afortunados. Majoreros
unos, del Sahara
y el Atlas, algunos,
todos de tinta y arena,
de cal y de canto,
de aire y de piedra,
de voz y quebranto.

No hay burros como los de antes,
que valgan la pena y alegren la tarde.

No, no hay burros, y apenas nadie sabe ya
lo que esos cuadrúpedos son
capaces de dar. Una coz,
seguro, y el consejo concentrado
de la razón en un puño.

What stomach tenderly tumbles
the murmured literature of grass.

Platero was one of them
and Rucio and many others
not so fortunate. Majoreros
some, of the Sahara
and the Atlas, some,
all of ink and sand,
of lime and of song,
of air and of stone,
of voice and brokenness.

There are no donkeys like before,
that are worth the trouble and brighten the afternoon.

No, there are no donkeys, and hardly anyone knows
what those quadrupeds
can give. A kick,
certainly, and the concentrated counsel
of reason in a fist.

Entre el libro y el desierto
hay pálpito de letras
que leer para ciegos.

El burro se atreve,
es capaz de oír el acorde
de la arena que vuela.

Dirige el burro si quiere
la sinfonía bruta
de la Tierra.

Between the book and the desert
there is a feeling of words
that the blind read.

The donkey dares,
he can hear the chord
of flying sand.

If he wants, the donkey conducts
the brute symphony
of the Earth.

El burro habla en lengua extranjera,
está en la casa, afuera,
con las gallinas en el cercado
y con los cerdos.

Burro sabio, tal vez preguntan
con su cacareo,
¿a qué hora cae el sol
rodando por la ladera?
o con él conversa el gorrino,
ausente su hocico
sobre el suelo.

Desde el ventanal se oye
su descifrar de ruido.

Voluntarioso deseo.

The donkey speaks in a foreign language,
he is in the house, outside,
with the hens in the pen
and with the pigs.

Wise donkey, perhaps they ask
with their crowing,
what time does the sun
roll down the hillside?
or the hog converses with him,
his snout distracted
on the ground.

From the window you can hear
him decoding the noise.

Stubborn desire.

La herrumbre del techo no amenaza,
es tradición y lleva traza,
como la taza en el locero alongada
al silencio del fregadero,
a la calma que tras la ventana
vive en el huerto ordenado
y en el gusano que la lechuga come
en la mano de un niño.

Un burrillo trota y salta
sin destino, por el gusto
de moverse en el vacío,
sin compromiso adquirido,
porque sí.

Qué dibujo las pezuñas delinean en el aire.

Da gusto seguir
el hilo gris de los cuatro lápices
y ver cómo dan vida
a la tarde.

En la brisa queda la obra maestra
fijada, y también en la brisa
que la traslada
por las rendijas a la casa.

The rust of the roof is no threat,
it is tradition and leaves a design,
like the cup on the rack hanging
above the silence of the sink,
to the calm that resides in the orderly
orchard behind the window
and in the worm that eats the lettuce
in a boy's hand.

A little donkey trots and jumps
aimlessly, for the pleasure
of moving himself in the emptiness,
without prior commitment,
just because.

His hooves outline quite the picture in the air.

It's pleasing to follow
the gray line of the four pencils
and to see how they give life
to the afternoon.

The masterpiece is fixed
in the breeze, and also
in the breeze that moves it
through the cracks into the house.

El campo está un poco más solo que ayer.

No toma café el burro, lo muerde
a conciencia, con el riesgo
de sus dientes.

Vale la pena.

El estímulo se tritura en vueltas
y revueltas y el afán cede pasos
en el alpende.

Que también hay salvia allí,
y palo de limón
y tila para las penas.

Hierbas de masticar ajeno.

Sentado ve el horizonte
el burro sin cielo,
sólo cielo y más cielo,
más arriba y más abajo
del cielo.

Su habitar es exclusivo,
contra la pared,
tumbado en el heno.

The field is a little lonelier than yesterday.

The donkey doesn't drink his coffee, he bites it
thoughtfully, risking
his teeth.

It's worth it.

The stimulant is crushed in flips
and turns and the effort yields steps
in the shed.

That there is also sage there,
and lemongrass
and lime blossom for hardships.

Someone else's chewing grasses.

The seated donkey sees the horizon
without sky,
only sky and more sky,
above and below
the sky.

His dwelling is exclusive,
against the wall,
where he lies down in the hay.

No es dramático el semblante,
es serio.

El burro piensa
con ritmo de siesta.

Cada día lo hace, con frecuencia.

Cierra sus ojos el sol que se pone
al otro lado de la Tierra.

His countenance is not dramatic,
it is serious.

The donkey thinks
with the rhythm of napping.

Every day he does this, frequently.

Closing its eyes the sun sets
on the other side of the Earth.

Es sabio ese ojo que enarca el horizonte
más allá del ocaso.

Sin cuidado el rumiante mastica
su pensamiento en el establo.

Afuera llueve casi tanto
como adentro.

Y en el aire calentito y oloroso
de los animales al lado
aflora con densidad
un aforismo.

Burro casi esqueleto,
burrito querido en el páramo seco,
rebuzna tus secretos.

That eye that arcs the horizon
beyond the twilight is wise.

The ruminant carelessly chews
his thought in the stable.

Outside it rains almost as much
as inside.

And in the warmish and fragrant air
of the animals beside him
a dense aphorism
emerges.

Donkey skin-and-bones,
dear little donkey in the dry páramo,
bray your secrets.

En la feria de ganado el burro ocupa
un lugar sincero,
el de las cosas que se van
y no vuelven a estar
sobre sus cuatro patas,
en su lugar,
en su centro.

A su lado la vaca y el cordero,
la cabra y el becerro que berrea
en hilera su desconcierto.

Hay perros más allá que ladran
a la ubre Tierra descompuesta.

Oasis tan ansiado ahora
aquel desierto de la civilización,
en el polvo de una feria
que se acaba cuando empieza.

At the livestock fair the donkey occupies
a sincere place,
that of the things that leave
and do not return to be
atop their four feet,
in their place,
in their center.

At his side are the cow and the lamb,
the goat and the calf that bawl
their bewilderment in a row.

Far away, dogs bark
at Earth's broken udder.

Such long-awaited oasis now
that faraway desert of civilization,
in the dust of a fair
that ends just when it begins.

El teorema se resolverá con brillo en el lodo
del estiércol.

Es el más sabio, descansa
primero, despereza
el pecho y atisba luego
el horizonte en su deseo.

Algo extraño ve,
en la lontananza que es
también adentro,
su centro.

Come entonces la hierba que come
y vuelve a comer.

El ciclo de los labios que reciclan
su saber.

El burro, tras la siesta,
es el médico de la Tierra.

The theorem will be brilliantly resolved
in the muck of manure.

He is the wisest, resting
first, stretching
his chest and then glimpsing
the horizon in his desire.

He sees something strange,
at a distance that is
also inside,
his center.

He then eats the grass that he eats
and eats again.

The cycle of the lips that recycle
his knowledge.

The donkey, after his nap,
is the doctor of the Earth.

El burro que se mira
en el espejo se desentraña
con extrañeza, en paz,
y se lame poco a poco
en cada pena.

Adentro de su reflejo está
la Tierra, sustentada
en cuatro patas
que la trotan
por pradera.

Detenido en la lluvia
el burro escarba el barro.

Brota otro planeta.

Abrevadero transparente
el charco.

Burro de estrellas.

The donkey that looks at himself
in the mirror unravels
strangely, in peace,
and licks himself bit by bit
on every sorrow.

Inside his reflection is
the Earth, sustained
on four hooves
that trot it
through the prairie.

Caught in the rain
the donkey scratches the mud.

Another planet bursts forth.

The puddle
his transparent trough.

Donkey of stars.

Con el burro decae todo
y en su aspecto se refleja
el ocaso de las partes.

En el rosal amarillea
un pétalo,
el mar se hace aire,
su línea abate el horizonte
hacia la nada.

Seca, una lágrima no sale
de la rana,
calienta tímido el estío
el brote tardo del espino,
la vaca regurgita pertinaz
el pesar de su destino.

Dormita el burro
su declive en el estiércol.

With the donkey everything decays
and his appearance reflects
the sunset of the parts.

In the rosebush a petal
yellows,
the sea becomes air,
its line reduces the horizon
towards nothingness.

Dry, the frog doesn't
shed a tear,
the summer shyly warms
the late bloom of hawthorn,
the stubborn cow regurgitates
the grief of its fate.

The donkey sleeps away
his decline in the manure.

Ha llegado el tiempo de la naturaleza
a la hora en punto que regurgita
el burro sobre la pradera.

Viene lento, desde atrás, advirtiendo
con su tempo las desgracias
desde atrás.

El burro lo sabe cada día.

No es traicionero,
ni cicatero mastica
la hierba que se emponzoña
desde el cuello
hasta la boca.

Digiere el burro el veneno
que la naturaleza vomita
por decreto.

Nature's calling has arrived
at the exact moment that the donkey
regurgitates over the prairie.

It comes slowly, long ago, warning
with its tempo troubles
from behind.

The donkey knows it every day.

Neither a traitor
nor a tightwad chews
the grass that poisons
from the neck
to the mouth.

The donkey digests the venom
that nature vomits
by decree.

Salió anoche el burro sin querer
ni dejar de querer, a solas,
con impulso ciego
que venía de lejos.

Se tropezó consigo, qué casualidad,
y se reconoció en ese otro que es
su testigo.

Fugaz la imagen que deja el espejo,
la de su pasaje correr,
desvanecerse.

El viento apenas movió la dureza de su pelo.

Last night the donkey left neither willingly
nor grudgingly, alone,
with blind impulse
that came from afar.

He stumbled upon himself, what a coincidence,
and he recognized himself in that other that is
his witness.

The image left by the mirror is fleeting,
it is his ticket out,
to vanish.

The wind barely stirred his stiff coat.

Qué interés las costuras de la seda,
qué cosas de aquí y de ahora,
de constante presencia ligera
que se esfuma.

O tal vez nada pesada, insistente,
plomo de los siglos,
siempre presente.

¿Piensa eso el burro que se agita
y una mosca espanta con la cola
tras la oreja?

¿Qué su pelaje es moda y es traje
de ahora y de siempre?

Clásico el burro, por los siglos
de los siglos,
probablemente.

How interesting the silk seams,
what things of here and now,
of constant airy presence
that evaporates.

Or perhaps heavy nothingness, insistent,
lead of the centuries,
always present.

Does the donkey think about that as he stirs
and scares a fly from behind his ear
with his tail?

That his fur is fashion and costume
now and forever?

The donkey is classic, for centuries,
and centuries,
probably.

Fila india para un burro es decir
nada
que la hilera no es vía para tanta oreja
adecuada.

Espacio abierto sí da al trote campo desdibujado,
amplía el horizonte y sirve al burro
que interroga.

La respuesta vuela enhiesta en suspiro
tras la siesta.

De un lado a otro flota con la nube
y llueve en la tierra.

El teorema se resuelve con el agua
en el lodo del estiércol.

Single file for a donkey isn't saying
much
that the straight line is not the right one for so much
ear.

Yes, open space gives his trot a blurred field,
expands the horizon and suits the donkey
that questions.

The answer flies high in a sigh
after a nap.

From one side to another it floats with the cloud
and rains on the earth.

The theorem is resolved with water
in the muck of manure.

Ese diente inmenso, cuadrado
y amarillento, con caries
en las esquinas, duele tanto
que ocupa el prado
hasta la ladera.

Apenas un poco de Cielo se ve
tras el pesar del esmalte carcomido.

Una mota de azul baldío.

Érase un burro diminuto,
minúsculo,
microscópico,
pegado al pesar
de sus encías,
una nada atada a la aflicción
que se derrama en su saliva.

De la raíz a la cola
sufre en silencio el burro,
se acomoda al mundo,
no le gusta y lo redime
con su muela.

That immense tooth, square
and yellowish, with cavities
in the corners, hurts so much
that it fills up the meadow
to the hillside.

Just a little bit of Heaven is seen
beyond the pain of the rotten enamel.

A speck of barren blue.

There once was a little donkey,
minuscule,
microscopic,
seized by the grief
of his gums,
a nothingness tied to the affliction
that spills out in his saliva.

From root to tail,
the donkey suffers in silence,
he adjusts to the world,
he does not like it and redeems it
with his molar.

Nadie explica el gozo mental
de saber y experimentar.

Al burro le preocupa más.

Inmerso en asuntos de bienestar
social, si la técnica lo acompaña
o por el contrario lastra
la agilidad de su trote.

Galopa el burro con ganas
sobre asfalto y metal.

¿Resbalarán más o menos
que el barro? ¿Dañarán
sus pezuñas? ¿Serán causa
de mortandad?

El burro come papel biblia.

Mira los nudos de las autopistas.

Se hace un lío que resolverá.

Nobody explains the mental joy
of knowing and experiencing.

The donkey worries more.

Immersed in issues of social
welfare, if technology accompanies this
or, instead, hampers
the agility of his trot.

The donkey gallops willingly
over asphalt and metal.

Will these be more or less slippery
than the mud? Will they hurt
his hooves? Will they be the cause
of death?

The donkey eats Bible paper.

He observes the knots of highways.

He becomes a tangle to be solved.

Tiene curiosidad el burro por la mecánica
de los trenes, por saber si se mueven
por dinero o si son el hambre
o el amor impulsos del deseo.

Algo fría le resulta esa piel tan dura,
tan plata y tan de luna,
tan tosca que contra el viento
avanza en raíles
de ciencia y cemento.

Se distrae, como siempre, el burro.

Absorto, el burro mira
un grano de millo,
lo tritura y con él se traga
el universo.

El saber se le queda adentro.

The donkey is curious about the mechanics
of trains, to know if they move
for money or if hunger or love are
the impulses of desire.

That skin, so hard, strikes him as something cold,
so silver and so moon-like,
so crude that against the wind
it advances on tracks
of science and cement.

The donkey is distracted, as always.

Absorbed, the donkey watches
a grain of corn,
he crushes it and with it swallows
the universe.

The knowledge stays inside him.

Al riel somete el tranvía
el espacio con dinero,
al acero que pesa y evalúa
qué distancia la moneda acuña
y cuál el límite perfecto es
de su radio y de su centro.

Algo queda sin prever
al arbitrio de un momento,
un burro, un deseo, una tregua
inesperada en el cálculo
y en el tiempo,
un vacío que se abre
su huequito en la nada
y en el aire un futuro
que en la brisa resopla
contra el eco.

Burro irreductible
para la carne y para el hierro,
para el negocio de la fe
y para el otro,
tan cierto.

The tram subjects the space with money
to the rail,
to the steel that weighs and assesses
how the coin mints the distance
and what the perfect limit is
of its radius and its center.

Something remains unforeseen
at the discretion of a moment,
a donkey, a wish, a truce
unexpected in the calculation
and in time,
a vacuum that opens
its little hole in the void
and in the air a future
that blows in the breeze
against the echo.

Irrepressible donkey
for meat and for iron,
for the business of faith
and for the other,
so true.

La materia bruta es mejor,
el polvo,
la montaña arbolada,
el desierto pelado,
la espuma de la playa.

Ahí rebuzna el burro
con finura una canción.

Es lo adecuado, piensa
mientras canta.

El agua,
salada por mandato.

Y la arena,
fin infinito
de granos y estrellas.

The raw material is better,
the dust,
the wooded mountain,
the bare desert,
the foam on the beach.

There the donkey brays
a song with finesse.

It's the right thing to do, he thinks
while singing.

Water,
salty by decree.

And the sand,
infinite end
of grains and stars.

Se mira al espejo cada día
a ver cómo está,
si sobrevive y alienta
una vez más
o si peligra su trote
y acaba su rebuznar.

De mañana tiene buen aspecto
el burro que atisba el tiempo
que se le viene encima
y con calma lo deambula luego
sobre las dunas.

El sol en su cénit no molesta,
alarga su existencia.

La palmera lo resguarda
con sus dátiles de sosiego.

La brisa sopla en la tarde
fresca, él se echa a meditar,
tranquilo sobre una piedra.

Es extraño para las letras
este burro playero que lame
el ser sobre la arena.

He looks in the mirror every day
to see how he is,
if he is to survive and breathe
once more
or if his trot is in danger
and his bray almost finished.

In the morning the donkey looks good,
he peeks at the time
that sneaks up on him,
and later calmly he walks it
over the dunes.

The sun at its zenith doesn't bother him,
it lengthens his existence.

The palm protects him
with its tranquil dates.

The breeze blows in the cool
afternoon, he lies down to meditate
quietly on a stone.

This beach-loving donkey
that licks creation on the sand
is an oddity in literature.

Trotaban junto al hotel
de cinco estrellas tres
burros de estratosfera. Dos
cabras mientras mordían
las flores del jardín
tras la piscina.

Antes se podía,
usucapio de los animales
que llegaron antes a la costa,
mucho antes que el turismo,
las inmobiliarias,
las costras.

Nada queda,
la carcasa de un viajero,
una guía turística
abandonada en el tresillo,
un paraguas despistado,
un borracho
ante el cenicero.

Three donkeys from the stratosphere
trotted by the five-star
hotel.
Meanwhile two goats chomped
the garden flowers
behind the pool.

In the past it was possible,
the animals that once arrived along the coast
had rights,
long before tourism,
real estate,
scabs.

Nothing remains,
the carcass of a traveler,
a tourist guide
abandoned in the lounge,
a forgotten umbrella,
a drunk
before the ashtray.

El grano rubio de la arena
de la playa
es la hierba que el burro
rumia a la orilla del terruño.

Hierba y grano acuerdan,
ante el mar que lo avala,
cuánto romperá su trato.

El pacto es extraño,
hierba y grano
nunca han ido de la mano.

Mas las cosas se alían,
la piedra y la barca,
el aire, el fuego, el agua,
el envés y el revés de cada ser.

Y el anverso y el reverso de las ideas
se dan un fuerte abrazo, en equilibrio
sobre su canto.

The golden grain of sand
from the beach
is the grass the donkey
ruminates at the shore of his homeland.

Grass and grain agree,
with the sea's endorsement,
on just how much will break their deal.

The pact is strange,
grass and grain
have never gone hand in hand.

But things are allied,
stone and boat,
air, fire, water,
the underside and the inside of each being.

And the obverse and reverse of ideas
share a strong embrace, in balance
on their edge.

El rabo abanica el aire
que quieto se está
en la hirviente tarde
del verano.

Una y otra vez lo abanica,
le da aire al aire.

Agradecido, el viento le sopla
un secreto de la naturaleza.

Todo sigue a la vista igual.

El burro se echa sobre la arena
y lame su pelo justo allí donde ahora
sabe lo que sospecha.

The tail fans the air
that keeps still
in the boiling afternoon
of the summer.

Again and again he fans it,
giving air to the air.

Grateful, the wind blows him
a secret from nature.

Everything in view stays the same.

The donkey lies down on the sand
and licks his hair right where he now
knows what he suspects.

En la sangre que el cerebro agolpa
el burro abreva un viaje que sala
el aire de las estrellas.

Volar y escrutar, eso hace
el burro, conservar el saber
en el tránsito de esferas.

No parte su vuelo de aeropuerto en huelga,
de la arena laboriosa que se observa
tras la roca.

Sí, la roca, tan cálida
y sabrosa, tan concentrada
de saber.

Para el burro el avión es cualquier cosa.

Y la arena,
tan funcional y obrera,
tan comprometida.

Abajo queda.

In the blood that floods his brain
the donkey drinks a voyage that salts
the air with stars.

Flying and scrutinizing, that is what the donkey
does, preserving knowledge
in the movement of the spheres.

His flight doesn't leave from the airport that's on strike,
but from the hardworking sand he observes
from behind the rock.

Yes, the rock, so warm
and tasty, chock-full
of knowledge.

For the donkey the plane is nothing special.

And the sand,
so functional and industrious,
so committed.

It stays down.

En el centro de su página verde
aletea sus orejas y despega
con su aliento.

Se hacen pequeños las estrellas,
el cielo, la tierra y de los barcos
las estelas. Qué orejas
tan poderosas las del burro
que a las máquinas reta.

Burro y estrella en armonía
casan la tierra y el deseo.

Qué regocijo viajar burro y astro
de la mano en el cielo

Suspendido en el aire queda
el burro viajero quieto.

In the center of his green page
he flaps his ears and takes off
with his breath.

Stars become small,
the sky, the earth and the contrails
of the boats. How powerful
the ears of the donkey
that defies machines.

Donkey and star in harmony
marry earth and desire.

What delight, donkey and star
hand in hand in the sky.

Suspended in the air
the voyager donkey keeps still.

El pelo asoma de la oreja por la esquina.
Arriba asoma, en punta que apunta
al cielo con inquina.

Diminuto, apenas perceptible,
al fondo la pared de cal alumbrada
por un sol potente lo destaca.

El pelo último de la oreja, el más
gris y arruinado es único índice fiable
de qué pasa en el aire
que lo baña
contaminado.

Ese pelo es sin duda
el punto más al sur
de Europa.

His hair peeks out from the corner of his ear.
It sticks out above, on the point that points
to the sky with antipathy.

Tiny, barely perceptible,
the lime wall in the background lit
by a powerful sun highlights it.

The last hair of his ear, the most
gray and ruined is the only reliable index
of what happens in the air
that bathes it
polluted.

That hair is without a doubt
the southernmost point
of Europe.

El burro desde abajo espera
que una vez más todo suceda.

Que llegue el pájaro y descienda y emprenda
el vuelo y vaya lejos y cierre el círculo
que se abrirá luego sin remedio.

Buen testigo, el burro paciente
observa el engranaje de los planetas
y el sinfín que se delimita
entre corchetes concretos.

El burro está contento,
mueve sus orejas y el rabo
golpea al viento.

From below the donkey waits
for everything to happen one more time.

For the bird to come and descend and take
flight and go far and close the circle
that will then open with no solution.

A good witness, the patient donkey
observes the gears of the planets
and the endlessness delimited
between concrete brackets.

The donkey is content,
he moves his ears and his tail
bats the wind.

Marcan los burros el margen de la carretera
y establecen el límite claro que separa
la mecánica de las manos.

Sus orejas puntiagudas delinean
el pasado que deambula en el arcén
y en los coches los turistas
sacan fotos y se admiran
de cuántos burros con su gente
hoyan el asfalto del presente.

A Europa quieren llevar
los burros africanos.

Y no por caridad.

Es la necesidad de restaurar
un poco de gracia
a destiempo.

Donkeys dot the roadside
and set the clear boundary that separates
mechanics from hands.

Their pointed ears delineate
the past that wanders on the shoulder
and the tourists in their cars
take photos and admire
how all the donkeys with their people
sow the asphalt of the present.

Europe wants to take
the African donkeys.

And not out of charity.

It is the need to restore
a little grace
at the wrong time.

Hace calor, húmedo el día
oscuro se torna y cae
la tormenta.
Se echa de menos
al burro de lejos,
de la otra tierra.

En el medio oeste de Missouri,
África no moja y el burro
desaparece.

Qué solitaria la primavera
sin las pezuñas de arena,
sin el hocico sobre la aulaga
o sin la seca pitera.

De África a América no hay burro que salte
sin perder la cabeza.

It is hot, the humid day
turns dark
and the storm falls.
The donkey
is missed from afar,
from the other land.

In Midwestern Missouri,
Africa doesn't get wet and the donkey
disappears.

How lonely is the spring
without sandy hooves,
without the snout over the gorse
or the dry agave.

No donkey jumps from Africa to America
without losing his mind.

El tornado de Oklahoma queda lejos
de este burro africano que observa
sobre las dunas otras penas,
las de los seres olvidados por la lluvia,
las de los hombres que trabajan
en las piedras.

Burro que revuela tan bien
sobre la arena
y da coces blandas,
a diestra, a siniestra,
obstinado, alerta, vuelta
y vuelta, otra vez más
y más de la tierra.

El burro,
advertencia herbívora,
cuatro patas,
una verga.

The Oklahoma tornado stays far
from this African donkey that studies
other sorrows on the dunes,
those of creatures forgotten by the rain,
those of men that work
in the stones.

Donkey that flies around so deftly
over the sand
and gives soft kicks
to the right, to the left,
obstinate, alert, around
and around, again more
and more from the earth.

The donkey,
herbivorous warning,
four hooves,
a cock.

La tormenta arrecia en el medio
oeste norteamericano.
Diluvia en cambio arena
en África, al otro lado
del abecedario.

Agua y polvo son posible pisar
si escribe el burro con autoridad
la afinidad de los contrarios
con la letra que su uretra derrama.

Hay que leer, mucho hay
que leer para saborear con placer
esa mezcla agridulce de saber.

La tierra y el cielo
son trasunto de la orina
en el desierto.

The storm rocks the North American
Midwest.
Deluge instead of sand
as in Africa, on the other side
of the alphabet.

One could step in water and dust
if the donkey masterfully writes
the affinity of opposites
with the letter streaming from his urethra.

One must read, read a lot
in order to savor with pleasure
that bittersweet blend of knowledge.

The earth and sky
are mirrored in the urine
in the desert.

En St. Louis hay un rincón
con dos gatos. Bajo el alero
se acurrucan y salen luego
en busca de conejos.

No conocen burro alguno
ni saben nada de Fuerteventura
y sus cascajos. Menos
del trayecto de la isla a París,
en sonetos que se explican
en compañía del desierto.

Estos gatos,
tan húmedos,
tan quietos y distantes
son del burro parientes,
muy cercanos en lo verde,
muy cercanos en lo seco.

In St. Louis there is a corner
with two cats. They curl up
under the eaves and later leave
in search of rabbits.

They don't know any donkeys
or anything about Fuerteventura
and its stones. Even less of the
journey from the island to Paris,
in sonnets that are explained
in the company of the desert.

These cats,
so wet,
so still and remote,
are the donkey's relatives,
very close in the green,
very close in the dry.

Un burro vuela sobre el Atlántico
y de vuelta de América en sus patas
trae nuevas espuelas.

Recogió los metales de Europa,
los aires de Asia pesados,
los incorporó a su sangre
y los lavó en su hígado, tan bravo
él, tan animoso.

Hace lo mismo en África,
y vuelve a su páramo en la estepa.

Exhausto, el burro ha expiado los pecados
capitales de la tierra.

A donkey flies over the Atlantic
and returns from America
with fresh spurs in his hooves.

He collected the metals of Europe,
the heavy airs of Asia,
he absorbed them in his blood
and washed them in his liver, so brave
he is, so good-spirited.

He does the same in Africa,
and returns to his páramo on the steppe.

Exhausted, the donkey has atoned for the capital
sins of the earth.

Tras la ventana, la tormenta,
árboles hermosos sin nombre,
en sus cosas, como los burros,
que en sus cosas están,
al otro lado del mar.

Da igual si Fuerteventura, Kansas, el Sahara,
y al tiempo no da igual.

El ser abreva
en sus circunstancias, es
en su estar.

Naturaleza manda, silencio
en las ramas.

Grano de arena al viento,
enciclopedia mínima,
firmamento.

Beyond the window, the storm,
the beautiful nameless trees,
in their own world, like the donkeys,
who are in their own world,
on the other side of the sea.

No difference if Fuerteventura, Kansas, the Sahara,
but also not the same.

The self drinks
in its circumstances, it is
in its being.

Nature commands, silence
in the branches.

Grain of sand to the wind,
the smallest encyclopedia,
firmament.

❦ Acknowledgments

With sincere thanks to Anna Mullen for all her help.

Thank you to ASLE (The Association for the Study of Literature and Environment) for their support of this translation.